PROJET DE LOI

PORTANT

MODIFICATIONS

à la Loi du 5 Juillet 1844

SUR LES

BREVETS D'INVENTION

PAR

M. A. S. PICARD

Ingénieur-Conseil E. C. P.

DIRECTEUR DE L'*OFFICE PICARD*

———◦∞◦———

PARIS
OFFICE PICARD
Bureau International de Brevets d'Invention
97, RUE SAINT-LAZARE
—
1902

PROJET DE LOI

PORTANT

MODIFICATIONS

à la Loi du 5 Juillet 1844

SUR LES

BREVETS D'INVENTION

PAR

M. A. S. PICARD

Ingénieur-Conseil E. C. P.

DIRECTEUR DE L'*OFFICE PICARD*

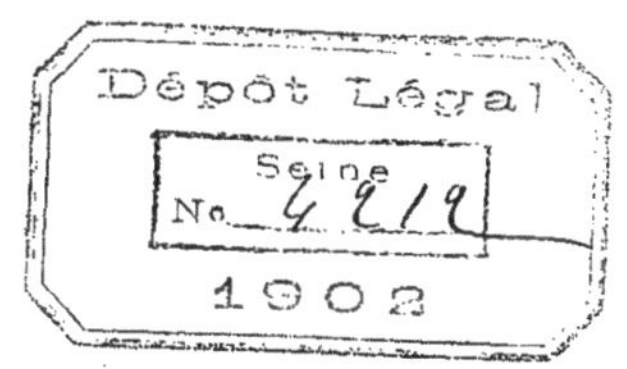

PARIS
OFFICE PICARD
Bureau International de Brevets d'Invention
97, RUE SAINT-LAZARE
—
1902

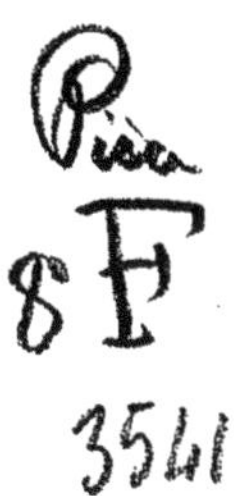

En qualité d'Ingénieur-Conseil, nous avons reçu la lettre suivante du Directeur de l'Office National de la Propriété Industrielle :

CONSERVATOIRE NATIONAL

DES

ARTS ET MÉTIERS

292, rue Saint-Martin

(3' ARROND.)

RÉPUBLIQUE FRANÇAISE

MINISTÈRE

DU COMMERCE, DE L'INDUSTRIE, DES POSTES ET DES TÉLÉGRAPHES

OFFICE NATIONAL
DE LA PROPRIÉTÉ INDUSTRIELLE

Paris, le 12 août 1902.

Monsieur,

L'Office National de la Propriété industrielle, qui se préoccupe de rechercher les améliorations pouvant être apportées à notre législation en matière de brevets d'invention, aurait intérêt à connaître les réformes que paraîtraient pouvoir comporter la loi fondamentale du 5 juillet 1844, ainsi que les dispositions législatives et réglementaires qui l'ont modifiée ou complétée.

Je vous serais, en conséquence, très reconnaissant de vouloir bien me faire parvenir votre avis motivé à cet égard.

Agréez, Monsieur, l'assurance de ma considération la plus distinguée.

*Le Directeur de l'Office National
de la Propriété industrielle.*

G. BRETON

Nous avons en conséquence établi un projet de loi destiné à améliorer les dispositions de la loi actuelle du 5 juillet 1844 modifiée par la loi du 7 avril 1902.

Notre projet comporte le minimum de réformes que nous estimons devoir être apportées à la loi actuelle pour la mettre à la hauteur des progrès réalisés dans cette matière à l'étranger.

Dans la crainte de paraître trop hardi, nous avons établi ce projet en conservant le cadre général de la loi de 1844, c'est-à-dire que vous avons tout d'abord modifié certains de ses articles qui ont donc été conservés en partie, et ensuite introduit des dispositions nouvelles qui nous paraissent rigoureusement nécessaires pour donner satisfaction aux revendications légitimes des inventeurs.

<table>
<tr><td>

Loi du 5 juillet 1844.

*Lorsqu'un article est en ita-
lique, cela signifie qu'il n'est
pas à la place numérique
réelle qu'il occupe dans la
loi. Ce fait se produit pour
les articles 19, 20, 21, 22 et
31. D'ailleurs ces articles se
retrouvent toujours en ro-
main à leur place réelle et
effective.*

</td><td>

Projet de M. A.-S. Picard.

*Dans ce projet, on a im-
primé en romain, les passa-
ges de l'ancienne loi qui n'ont
pas subi de modifications.
Les parties en italique sont
celles du projet de l'auteur.*

</td></tr>
</table>

<table>
<tr><td>

TITRE I

DISPOSITIONS GÉNÉRALES

ARTICLE PREMIER. — Toute nouvelle découverte ou invention dans tous les genres d'industrie confère à son auteur, sous les conditions et pour le temps ci-après déterminés, le droit exclusif d'exploiter à son profit ladite découverte ou invention.

Ce droit est constaté par des titres délivrés par le Gouvernement, sous le nom de *brevets d'invention.*

</td><td>

TITRE I

DISPOSITIONS GÉNÉRALES

ARTICLE PREMIER. — Toute nouvelle invention dans tous les genres d'industrie confère à son auteur, sous les conditions et pour le temps ci-après déterminés, le droit exclusif d'exploiter à son profit ladite invention.

Ce droit est constaté par des titres délivrés par le Gouvernement, sous le nom de *brevets d'invention.*

</td></tr>
</table>

ARTICLE PREMIER. — La mention : *découverte*, a simplement été supprimée de l'art. 1 de 1844, étant donné que le mot *invention* est suffisant pour définir une chose nouvelle.

<table>
<tr><td>

ART. 2. — Seront considérées comme inventions ou découvertes nouvelles :

L'invention de nouveaux produits industriels ;

L'invention de nouveaux moyens ou l'application nouvelle de moyens connus pour l'obtention d'un résultat ou d'un produit industriel.

</td><td>

Art. 2

*Est considérée comme bre-
vetable, toute invention don-
nant un résultat industriel.
Seront ainsi considérées
comme brevetables :
1° L'invention de produits
industriels nouveaux ou per-
fectionnés;
2° L'invention de nouveaux
moyens ou l'application nou-
velle, ou la réunion nouvelle,
ou le perfectionnement de
moyens connus pour l'obten-
tion d'un résultat ou d'un pro-
duit industriel.
La brevetabilité de l'inven-
tion sera indépendante de
l'importance de l'innovation
faite.*

</td></tr>
</table>

ART. 2. — Nous avons adopté la définition qui a été acceptée au Congrès de Paris 1900.

Art. 3

ART. 3. Ne sont pas susceptibles d'être brevetés :

1° Les compositions pharmaceutiques ou remèdes de toute espèce, lesdits objets restant soumis aux lois et règlements spéciaux sur la matière, et notamment au décret du 18 août 1810, relatifs aux remèdes secrets ;

2° Les plans et combinaisons de crédit ou de finances.

Ne sont pas susceptibles d'être brevetées, les inventions :

1° Ne donnant pas de resultat industriel;

2° Contraires à l'ordre ou à la sûreté publique, aux bonnes mœurs ou aux lois, ou qui visent évidemment à induire le public en erreur;

3° Qui portent sur des principes, méthodes, systèmes, découvertes et conceptions théoriques ou purement scientifiques, dont on n'a pas indiqué les applications industrielles;

4° Qui sont nuisibles à la santé;

ART. 3. — Nous avons levé la prohibition qui pesait sur les produits pharmaceutiques. Cependant, pour empêcher les excès, nous rejetons toutes les inventions qui sont nuisibles à la santé (paragraphe 4).

Les plans et combinaisons de finances n'ont plus besoin d'être mentionnés puisque nous n'acceptons pas toute invention qui ne donni pas de résultat industriel.

Nous rejetons les inventions contraires à l'ordre, aux bonnes mœurs et aux lois, comme le faisait la loi de 1844, mais nous ajoutons le cas nouveau, d'une invention tendant à induire le public en erreur.

Notre paragraphe 3 est la reproduction de la loi de 1844 (cas de nullité).

Art. 4

ART. 31. — *Ne sera pas réputée nouvelle toute découverte, invention ou application qui, en France ou à l'étranger, et antérieurement à la date du dépôt de la demande, aura reçu une publicité suffisante pour pouvoir être exécutée.*

Ne sera pas réputée nouvelle toute invention qui, en France, et antérieurement à la date du dépôt de la demande, aura reçu une publicité suffisante pour pouvoir être exécutée.

ART. 4. — Nous avons défini au début la nouveauté qui ne se retrouve, dans la loi de 1844, qu'à l'article 31.

Mais nous n'exigeons plus la nouveauté *absolue* comme la loi de 1844, et nous estimons que la nouveauté *relative* est largement suffisante. D'ailleurs, elle est acceptée par presque toutes les législations modernes des grands pays qui cherchent surtout et avant tout à tirer du brevet le bénéfice matériel qui en résulte pour le bien général. Si au point de vue philosophique il serait intéressant de ne délivrer de brevet que pour des inventions réellement inconnues en France et à l'étranger, il n'en reste pas moins qu'au point de vue pratique il vaut mieux donner des monopoles temporaires pour des inventions qui n'ont pas reçu de publicité en France et dont l'exploitation réelle assure un bien-être à la société. D'ailleurs avec la rapidité des communications et la diffusion des imprimés, il n'est presque plus possible aujourd'hui d'arriver à ce qu'une invention ne soit pas immédiatement connue dans un pays. C'est une raison de plus pour supprimer, malgré le vœu du Congrès de Paris 1900, cette condition de nouveauté absolue que la législation anglaise (insistons bien sur ce point) n'admet pas.

Art. 4. — La durée des brevets sera de cinq, dix ou quinze années.

Chaque brevet donnera lieu au payement d'une taxe, qui est fixée ainsi qu'il suit, savoir :

Cinq cents francs pour un brevet de cinq ans ;

Mille francs pour un brevet de dix ans;

Quinze cents francs pour un brevet de quinze ans.

Cette taxe sera payée par annuités de cent francs, sous peine de déchéance si le breveté laisse écouler un terme sans l'acquitter.

Art. 5

La durée des brevets sera de vingt années. Chaque brevet donnera lieu au paiement d'une annuité qui sera : 25 fr. la première année, 50 francs la deuxième année, 75 francs la troisième année et ainsi de suite en augmentant chaque année de 25 francs.

Cette annuité sera payée chaque année par anticipation.

Art. 5. — Nous avons fixé à vingt ans la durée des brevets (vœu du Congrès de Paris 1900), et avons adopté la taxe annuelle et progressive de 25 francs. Les brevets de 5 et 10 ans n'ont aucune raison d'être, avec le système des taxes annuelles.

Art. 6

L'Office National de la Propriété industrielle, institué par la loi du 9 juillet 1901, est chargé de tous les services administratifs relatifs à l'exécution de la présente loi.

Art. 6. — Cet article est destiné à centraliser à l'Office National de la Propriété industrielle tous les services, même les services financiers nécessités pour l'exécution de la loi sur les brevets d'invention. Cette réforme est absolument nécessaire.

TITRE II

DES FORMALITÉS RELATIVES A LA DÉLIVRANCE DES BREVETS

SECTION Ire.

Des demandes de brevets.

Art. 5. — Quiconque voudra prendre un brevet d'invention devra déposer, sous cachet, au secrétariat de la préfecture, dans le département où il est domicilié, ou dans tout autre département, en y élisant domicile :

TITRE II

DES FORMALITÉS RELATIVES A LA DÉLIVRANCE DES BREVETS

SECTION I

Des demandes de brevets.

Art. 7

Quiconque ayant fait une invention pourra demander et obtenir un brevet.

L'auteur d'une invention qui voudra prendre un brevet d'invention devra déposer, sous enveloppe fermée, à l'Office National de la Propriété Industrielle, une demande qui comprendra les pièces suivantes :

1° Sa demande au ministre de l'agriculture et du commerce;

2° Une description de la découverte, invention ou application faisant l'objet du brevet demandé;

3° Les dessins ou échantillons qui seraient nécessaires pour l'intelligence de la description;

Et 4° un bordereau des pièces déposées.

1° Sa requête au Ministre du Commerce et de l'Industrie;

2° Les documents descriptifs de l'invention comportant :

a) Une description, en double exemplaire, de l'invention;

b) Des dessins, en double exemplaire, représentant l'invention, dans tous les cas où elle pourra être dessinée;

3° Des modèles ou échantillons qui seraient nécessaires pour l'intelligence de la description et des dessins

Et 4° Un bordereau des pièces déposées.

ART. 7. — Nous supposons en principe que quiconque ayant fait une invention peut obtenir un brevet d'invention, mais contrairement aux dispositions de 1844, nous ne reconnaissons qu'à l'auteur ou l'inventeur seul, quel qu'il soit, le droit de prendre et d'obtenir un brevet.

Notre projet prévoit le dépôt de toutes les demandes à l'Office National aux lieu et place du dépôt dans les préfectures. Cette centralisation est de toute nécessité; ce mode de dépôt est adopté partout à l'étranger où il existe un service sérieux de la propriété industrielle.

Nous discuterons la question plus à fond à l'article 9.

Les pièces déposées comportent :

1° La requête;

2° Ce que nous appelons les documents descriptifs composés d'une description et des dessins. Nous demandons que les dessins soient fournis toutes les fois que l'invention pourra être dessinée Cette disposition a pour but d'armer l'administration et de lui permettre d'éviter le dépôt de brevets comme on en voit beaucoup qui, devant normalement comporter des dessins, en sont dénués de par une idée bien arrêtée de l'inventeur de compliquer sciemment sa description. Ce subterfuge n'est pas admis à l'étranger, et il faut absolument que les documents descriptifs, qui en général sont compréhensibles pour des gens du métier, même s'ils sont incomplets, le soient également pour des gens qui, sans être du métier, ont les aptitudes voulues pour s'assimiler certaines matières. Le dessin étant la langue universelle par excellence, et celle qui parle le plus rapidement à l'esprit, nous croyons devoir insister sur cette obligation que nous voudrions voir insérée dans la loi.

ART. 6. — La demande sera limitée à un seul objet principal, avec les objets de détail qui le constituent, et les applications qui auront été indiquées.

Elle mentionnera la durée que les demandeurs entendent assigner à leur brevet dans les limites fixées par l'article 4, et ne contiendra ni restrictions, ni conditions, ni réserves.

Art. 8

La requête ne contiendra ni restrictions, ni conditions, ni réserves, autres que celle prévue à l'article 29, s'il y a lieu.

Art. 11. — Cet article organise l'examen des demandes, cet examen portant sur la régularité. Il rappelle les conditions imposées par les art. 7 et 8, et prévoit le renvoi à l'intéressé de toute demande qui serait *irrégulière*, c'est-à-dire dont la description ne serait pas correcte, claire et intelligible, dont les dessins seraient incomplets, inintelligibles ou incorrectement tracés, ou dont la complexité serait reconnue.

Cet article donne à l'Office National le pouvoir d'exiger toute modification tendant à rectifier les documents descriptifs d'une demande. Il lui donne également le pouvoir d'exiger le dépôt de modèles à titre permanent, ce qui est une condition quelquefois indispensable pour certaines inventions.

Enfin cet article organise la possibilité de scinder une demande reconnue complexe et d'attribuer à chacune des nouvelles demandes la date initiale du dépôt. Chacun sait que cette faculté est largement tolérée à l'étranger.

SECTION III

*De la délivrance
des demandes.*

Art. 12

Art. 11. Modifié par la loi du 7 avril 1902.) — Les brevets dont la demande aura été régulièrement formée seront délivrés, sans examen préalable, aux risques et périls des demandeurs, et sans garantie, soit de la réalité, de la nouveauté ou du mérite de l'invention, soit de la fidélité ou de l'exactitude de la description.

Les demandes considérées comme régulières seront acceptées trois mois au plus après le dépôt, et avis sera donné au demandeur de l'acceptation de sa demande.

En même temps, les documents descriptifs seront exposés dans la salle de communication de l'Office National pendant un délai de deux mois, en vue des oppositions publiques à la délivrance conformément à l'article 17.

Après ce délai, s'il y a lieu, les brevets seront délivrés, mais sans examen préalable, aux risques et périls du demandeur, et sans garantie, soit de la réalité, de la nouveauté ou du mérite de l'invention, soit de la fidélité ou de l'exactitude de la description et des dessins.

Un arrêté du ministre, constatant la régularité de la demande, sera délivré au demandeur, et constituera le brevet d'invention.

Un arrêté du Ministre constatant la régularité de la demande sera *signé* et constituera le *titre officiel* du brevet d'invention. *Cet arrêté sera notifié au demandeur.*

Les documents descriptifs seront communiqués au public et livrés à l'impression, et quatre mois après on remettra à l'intéressé l'arrêté ministériel auquel sera joint un fascicule imprimé de la descrip-

A cet arrêté sera joint un exemplaire imprimé de la

description et des dessins mentionnés dans l'article 24, après que la conformité avec l'expédition originale en aura été reconnue et établie au besoin.

La première expédition des brevets sera délivrée sans frais.

Toute expédition ultérieure, demandée par le breveté ou ses ayants cause, donnera lieu au paiement d'une taxe de 25 francs.

Les frais de dessin, s'il y a lieu, demeureront à la charge de l'impétrant.

La délivrance n'aura lieu qu'un an après le jour du dépôt de la demande si ladite demande renferme une réquisition expresse à cet effet.

Le bénéfice de la disposition qui précède ne pourra être réclamé par ceux qui auraient déjà profité des délais de priorité accordés par des traités de réciprocité, notamment par l'article 4 de la convention internationale pour la protection de la propriété industrielle, du 20 mars 1883.

tion et des dessins mentionnés dans l'art. 24 après que la conformité avec les originaux en aura été reconnue et établie au besoin.

La première expédition du titre officiel sera délivrée sans frais.

Toute expédition ultérieure demandée par le breveté ou ses ayants cause, donnera lieu au paiement d'une taxe de 25 francs.

Les frais de dessin, s'il y a lieu, demeureront à la charge de l'impétrant.

Avant la publication, un tiers ne pourra obtenir une copie officielle des documents descriptifs.

Art. 12. — Cet article est presque la reproduction de l'article 11 de la loi de 1844. Il prévoit l'acceptation d'une demande trois mois après le dépôt et immédiatement après l'avis d'acceptation l'*exposition* de la demande en vue de l'appel aux oppositions publiques. Le délai d'exposition est de deux mois après lesquels, si aucune opposition ne s'est produite, on procède à la délivrance du brevet, à la signature de l'arrêté ministériel et à sa notification au demandeur. Les documents descriptifs sont livrés à l'impression et pendant quatre mois encore restent secrets. A la fin de ce dernier délai a lieu la *publication* et la remise à l'intéressé de son titre officiel.

SECTION IV

De la renonciation.

Art. 13

Le demandeur pourra renoncer à sa demande :

1° Durant un délai de trois mois à partir du dépôt; la 1re annuité lui sera remboursée.

2° Durant la période de deux mois d'exposition publique; mais la taxe sera acquise au Trésor.

> *3° Durant la période de quatre mois d'impression, mais il devra dans ce cas acquitter une taxe de 25 francs pour profiter de cette faculté.*
>
> *Le demandeur aura, pendant le premier délai de trois mois la faculté de retarder l'exposition publique durant six mois, en payant une taxe de 25 francs.*

ART. 13. — Cet article prévoit trois cas de renonciation :

Pendant la période secrète de trois mois l'inventeur peut renoncer à sa demande, et la première annuité lui est remboursée.

Pendant la période d'exposition publique, le demandeur peut encore renoncer à sa demande, et dans ce cas la taxe est acquise au Trésor.

Enfin, pendant la période d'impression, le demandeur a encore la faculté de renoncer à sa demande, mais il devra acquitter une taxe de 25 frs outre l'abandon de la première annuité qui est encore acquise au Trésor.

Les dispositions des paragraphes 2 et 3 ont pour but de permettre à l'inventeur de n'être pas *breveté malgré lui* et de donner aux inventeurs français tous les avantages qui résultent de la protection provisoire anglaise de 9 mois, et de la période d'examen préalable en Allemagne.

Il arrive en effet qu'un inventeur peut avoir intérêt à renoncer à une demande de brevet insuffisamment étudiée et qui peut faire *antériorité* à une *demande de brevet ultérieure*, bien étudiée. Actuellement la loi française n'accorde que deux mois à l'inventeur pour effectuer le retrait de sa demande. Après ces deux mois il devient breveté malgré lui, quelle que soit sa volonté. Or, en Angleterre, la patente provisoire est secrète pendant neuf mois, et si l'intéressé désire y renoncer, sa demande est considérée comme nulle et non avenue. En Allemagne, et en général dans tous les pays à examen préalable, l'inventeur a toutes facilités pour renoncer pendant une période de temps très longue à toute demande de brevet.

Tableau Synoptique

représentant les diverses phases relatives au dépôt, à
l'examen ou à la délivrance des
brevets.

Dépôt de la demande.	Acceptation. - Avis d'exposition et insertion au Bulletin.	Délivrance. - Avis de la signature de l'Arrêté.	Publication. - Remise du Titre officiel.
3 MOIS	2 MOIS	4 MOIS	
Période secrète	Exposition et Oppositions	Impression	

RENONCIATION

AVEC	SANS	En payant
REMBOURSEMENT		une Taxe

Faculté de différer l'exposition pendant 6 mois	PROTECTION LITTÉRAIRE	
	Délai de 1 mois pour délivrance aux ayants cause	

Elle indiquera un titre renfermant la désignation sommaire et précise de l'objet de l'invention.

La description ne pourra être écrite en langue étrangère. Elle devra être sans altération ni surcharges. Les mots rayés comme nuls seront comptés et constatés, les pages et les renvois paraphés, elle ne devra contenir aucune dénomination de poids ou de mesure autre que celles qui sont portées au tableau annexé à la loi du 4 juillet 1837.

Elle indiquera un titre renfermant la désignation sommaire et précise de l'objet de l'invention.

Elle indiquera les nom, prénoms, nationalité et résidence du demandeur.

Si, pour la même invention, il a été déjà formé des demandes antérieures à l'étranger ou s'il a été obtenu des brevets étrangers, la requête donnera la liste de tous les États dans lesquels de telles demandes antérieures ont été formées ou de tels brevets obtenus.

Si le demandeur requiert l'application d'une convention internationale ou d'un traité de réciprocité, il devra l'indiquer d'une façon formelle dans sa requête et dans sa description, en donnant la date du premier brevet d'origine, et une copie légalisée dudit brevet.

La description décrira l'invention qui devra être limitée à un seul objet principal, avec les objets de détail qui le constituent, et les applications qui auront été indiquées.

Elle ne pourra être *écrite* en langue étrangère *et devra être rédigée d'une façon correcte, claire et intelligible.*

Elle se terminera par une partie succincte dans laquelle le demandeur précisera ce qu'il revendique comme étant son invention propre.

Elle devra être sans altération ni surcharges. Les mots rayés comme nuls seront comptés et constatés, les pages et les renvois paraphés, elle ne devra contenir aucune dénomination de poids ou de mesure autre que celles qui sont portées au tableau annexé à la loi du 4 juillet 1837, *à moins d'une nécessité absolue.*

Les dessins seront tracés à l'encre et d'après une échelle métrique.

Un duplicata de la description et des dessins sera joint à la demande.

Toutes les pièces seront signées par le demandeur ou par son mandataire, dont le pouvoir restera annexé à la demande.

Les dessins seront tracés à l'encre indélébile, sans ratures, ni surcharges, ni altérations. L'échelle métrique sera indiquée si elle est nécessaire pour la réalisation de l'invention.

Toutes les pièces seront signées par le demandeur ou par son mandataire, dont le pouvoir restera annexé à la demande.

ART. 8. — Cet article comporte :

L'indication de la nationalité et de la résidence (arrêté du 31 mai 1902) et la liste de tous les brevets étrangers antérieurs au brevet français, renseignements qu'il est souvent indispensable de connaître pour apprécier rapidement la valeur d'un brevet français. En outre, ce même article exige la déclaration préalable d'un dépôt fait sous le couvert d'une convention internationale, et la justification de l'existence du brevet d'origine servant de point de départ aux délais de priorité.

En ce qui concerne la description, nous voulons qu'elle soit claire, correcte et intelligible, et qu'elle se termine par des revendications limitant la propriété de l'inventeur, et non par le résumé actuellement demandé, et qui est fort incomplet.

Nous autorisons la mention de mesures étrangères en concordance avec des mesures françaises, parce que dans certains cas la transformation d'une mesure étrangère ne donnant pas une mesure métrique rigoureusement exacte, il est bon de connaître la mesure d'origine qui a été transformée.

Pour les dessins, nous n'exigeons pas absolument l'échelle métrique, à moins qu'elle ne soit nécessaire pour la compréhension. Cette obligation qui n'est pas un cas de nullité, mais qui a été considérée dans une seule espèce comme un cas d'insuffisance de description, nous paraît exagérée. Il n'est pas toujours possible d'indiquer l'échelle d'un dessin et en général l'absence d'échelle n'empêche pas un homme du métier de construire une machine.

Art. 9
Le dépôt pourra être fait par remise directe ou par la poste sous pli recommandé.

ART. 7. — Aucun dépôt ne sera reçu que sur la production d'un récépissé constatant le versement d'une somme de cent francs à valoir sur le montant de la taxe du brevet.

Un procès-verbal, dressé sans frais par le secrétaire général de la préfecture, sur un registre à ce destiné, et signé par le demandeur, constatera chaque dépôt, en énonçant le jour et l'heure de la remise des pièces.

Une expédition dudit procès-verbal sera remise au déposant, moyennant le rem-

Aucun dépôt ne sera reçu que sur la production d'un récépissé *ou mandat-poste* constatant le versement d'une somme *de 25 francs* à valoir sur le montant de la *1re annuité* du brevet.

Un procès-verbal, dressé sans frais par le Secrétaire général *de l'Office National,* sur un registre à ce destiné, constatera chaque dépôt, en énonçant le jour et l'heure de la remise des pièces, *et le jour et l'heure du cachet de la poste, si le dépôt est effectué par la poste.*

Il sera remis ou envoyé au

boursement des frais de timbre.

déposant un bulletin de dépôt indiquant la date du dépôt, le nom du demandeur et le numéro d'enregistrement. —

ART. 9. — L'article 7 centralise le dépôt à l'Office National. Ce dépôt, d'après l'article 9 peut être fait, soit en personne à Paris, soit par la poste. les habitants de province auront ainsi toutes facilités pour effectuer un dépôt sans dérangement aucun. Ce mode de faire est adopté à l'étranger presque partout (Autriche, Allemagne, Portugal, Danemark, Norvège, Suède, Angleterre, Russie) et il est même en honneur en Tunisie pays de protectorat français qui sur ce point est en avance sur la métropole. Nous ne voyons donc pas pour quelle raison on conserverait la façon de faire actuelle et on n'adopterait pas, à l'instar d'un pays français, un mode de dépôt rapide, sûr et économique. qui offre autant de sécurité que le dépôt dans les préfectures qui, elles, doivent également employer la poste pour transmettre leurs plis à Paris. Le dépôt par la poste supprimerait tous les intermédiaires inutiles et mettrait en contact direct l'inventeur et le service de la propriété industrielle.

Nous prévoyons, outre les indications ordinaires, celles qui rappellent les dépôts faits par la poste. Enfin, il est logique de délivrer à l'inventeur un bulletin de dépôt ou de le lui envoyer par la poste, ce que la loi de 1844 ne disait pas.

ART. 8. — La durée du brevet courra du jour du dépôt prescrit par l'article 5.

Art. 10

La date de la demande et de la priorité sera celle où les pièces arriveront à l'Office National. De deux demandes envoyées par la poste, aura la priorité celle qui provient de la localité pour laquelle le transport postal est le plus long.

ART. 10. La date, non pas du brevet, mais de la demande et de la priorité (mot que nous avons ajouté à dessein) est celle du dépôt. Nous faisons partir la priorité du jour du dépôt, mais les droits complets et en particulier le droit de poursuite n'est acquis selon nous que du jour de la *délivrance* du titre officiel ou plutôt du jour de la *publication* du fascicule imprimé. Ce jour-là les documents descriptifs sont opposés aux tiers qui sont censés en avoir connaissance. En effet, ainsi que nous l'avons dit déjà ailleurs, le brevet est un contrat bi-latéral entre l'inventeur et la Société. Un contrat n'est valable que du jour où toutes les signatures des contractants se trouvent apposées. Au dépôt de la demande, l'inventeur, par sa signature, accepte le contrat, mais l'État ne l'accepte qu'au moment de la délivrance ou, d'après notre système, au moment de la publication. Ce jour-là le contrat est parfait et il doit avoir son plein effet, c'est-à-dire que le breveté doit être investi de tous ses droits : droit de priorité acquis au moment de la demande, droit de propriété qui lui est reconnu par la délivrance.

Lorsque le dépôt est fait par la poste, nous prévoyons, par la différence de longueur du transport postal, la priorité en faveur d'une demande venant d'une localité éloignée.

SECTION II.

De la délivrance des brevets.

ART. 9. — Aussitôt après l'enregistrement des demandes et dans les cinq jours de la date du dépôt, les préfets transmettront les pièces,

SECTION II

De l'examen des demandes.

Art. 11

Dès le lendemain du dépôt, il sera procédé à l'ouverture des enveloppes et à l'examen des demandes, dans leur ordre de réception.

sous le cachet de l'inventeur, au ministre de l'agriculture et du commerce, en y joignant une copie certifiée du procès-verbal du dépôt, le récépissé constatant le versement de la taxe, et, s'il y a lieu, le pouvoir mentionné dans l'article 6.

Art. 10. — A l'arrivée des pièces au ministère de l'agriculture et du commerce, il sera procédé à l'ouverture, à l'enregistrement des demandes et à l'expédition des brevets, dans l'ordre de la réception desdites demandes.

Les demandes qui ne seront pas régulières seront renvoyées à leur déposant qui aura un délai de un mois pour les régulariser.

Ce délai de un mois pourra être augmenté sur demande justifiée.

Sera considérée comme irrégulière toute demande qui ne remplirait pas les conditions des art. 7 et 8, ou dont la description ne serait pas correcte, claire ou intelligible, dont les dessins seraient incorrectement tracés, incomplets ou inintelligibles, dont le titre serait incomplet, ou toute demande qui se rapporterait à plus d'un objet principal.

L'Office National pourra modifier le titre, la description et les dessins d'une demande irrégulière, mais toute modification devra avoir l'assentiment de l'intéressé qui pourra en appeler devant la commission technique (instituée par la loi du 9 juillet 1901).

L'Office National pourra exiger le dépôt de modèles à titre permanent.

Lorsque la description et les dessins comporteront plus d'un objet principal, le demandeur aura la faculté, si la complexité est constatée, de limiter sa demande à un seul des objets principaux à son choix, ou d'opérer une scission de sa demande et d'effectuer autant ou moins de dépôts qu'il y a d'objets principaux.

Toutes ces demandes porteront la date de la première demande reconnue complexe.

Toute régularisation, rectification ou scission d'une description et des dessins ne pourra pas étendre la portée de l'invention primitivement déposée.

Tous ceux qui auront droit de profiter des certificats d'addition pourront en lever une expédition au ministère de l'agriculture et du commerce, moyennant un droit de 20 francs.

SECTION VI

Des oppositions publiques.

Art. 17

Dans les deux mois d'exposition publique, quiconque pourra former opposition à la délivrance du brevet.

Avis sera donné aux tiers par l'insertion dans le catalogue des brevets (art. 24.) du nom du demandeur et du titre de l'invention.

L'opposition devra être déposée en double exemplaire à l'Office National.

Elle ne pourra être fondée que sur le motif que l'invention n'est plus nouvelle.

La Commission technique examinera l'opposition et communiquera un exemplaire de l'opposition au demandeur qui devra formuler sa défense dans le délai de un à trois mois.

Si besoin est, l'opposant et le demandeur seront convoqués en audience publique.

La Commission technique se prononcera sur l'annulation ou le maintien de la demande de brevet.

Les parties pourront en appeler devant le Tribunal Civil du domicile du demandeur.

Pendant la période d'exposition et d'impression, les documents descriptifs jouiront de la protection accordée aux œuvres littéraires.

Art. 17. — Cet article organise les oppositions publiques à l'instar de presque toutes les législations modernes et en particulier de la législation tunisienne, pays de protectorat français. L'opposition ne peut être fondée que si l'invention n'est pas nouvelle, et la Commission technique qui aura à examiner l'affaire, jouera le rôle d'un Tribunal spécial de brevets dont l'adoption finira par s'imposer dans tous les pays. Nous ne voyons en effet pas pour quelles raisons les commerçants ont un Tribunal de Commerce, et pourquoi les inventeurs n'auraient pas également une juridiction spéciale reliée à la juridiction générale.

Nous sommes partisan d'un tribunal de première instance qui jugerait toutes les affaires de brevets à l'instar des Tribunaux de Commerce et dont les appels seraient soumis aux cours ordinaires, mais toujours à la même chambre. Dans notre projet, la Commission technique joue en quelque sorte le rôle de justice de paix puisque ses appels sont recevables devant les tribunaux civils.

L'opposition ne peut être fondée que si l'invention n'est plus nouvelle, et elle a simplement pour but d'habituer les industriels à suivre la délivrance des brevets, et à supprimer les brevets qui sont notoirement nuls pour défaut de nouveauté et que l'on retrouve par centaines lorsqu'on fait une recherche d'antériorités.

Bien entendu la Commission technique, dans notre projet, ne pourra donner qu'un simple avis et non pas une décision ayant force de chose jugée. Lorsqu'on établira l'examen préalable, on pourra songer à ce moment à créer une juridiction réelle concernant les brevets, mais en attendant notre projet ne prévoit qu'une ébauche d'organisation destinée à préparer l'avenir.

SECTION VII
Des amendements.
Art. 18

Le demandeur pourra amender ses documents descriptifs pendant toute la durée du brevet.

L'amendement consistera 1° à corriger les erreurs; 2° à expliquer certains passages; 3° à élaguer et supprimer certaines parties.

Aucun amendement ne pourra étendre la portée de l'invention.

Tout amendement donnera lieu au paiement d'une taxe.

Un arrêté du Ministre déterminera le montant des taxes à acquitter selon la nature et le nombre des amendements.

Aucun amendement ne pourra être fait pendant que le brevet est engagé dans une action judiciaire ou pendant qu'une opposition a été formée à la délivrance d'une demande.

ART. 18. — Lorsqu'une demande est déposée ou lorsqu'un brevet est délivré, il n'est pas facile, dans l'état actuel, de corriger une erreur, ou d'expliquer certains passages, ou de supprimer certaines parties qui ne modifient en rien ni étendent la portée d'une invention. La loi anglaise a organisé depuis longtemps un système d'amendements très intelligent, et nous ne voyons pas pour quelle raison la loi française n'adopterait pas une organisation semblable qui, en définitive, rapporterait des taxes considérables au budget particulier de l'Office National.

SECTION VIII

Des taxes et annuités.

Art. 19

Les annuités et taxes de toute nature devront être versées à l'Office National directement ou par la poste.

Tout versement pourra être fait par le breveté ou son mandataire.

Lorsque le paiement sera fait par la poste, on considérera comme date de paiement celle du timbre de la poste.

Si l'échéance d'une taxe tombe sur un dimanche ou jour férié légal, le paiement pourra valablement être effectué le lendemain du ou des jours fériés ou dimanche.

Il sera remis ou envoyé à l'intéressé un récépissé. Toute expédition ultérieure donnera lieu au paiement d'une taxe de 5 francs.

Il sera tenu à l'Office National un registre des annuités versées. Quiconque pourra prendre communication de ce registre et en obtenir copie moyennant le paiement d'une taxe de 2 francs.

ART. 19. — Cet article dispose que toutes les annuités et taxes peuvent être, soit versées à l'Office National, soit envoyées par la poste. Tout paiement devra être fait par le breveté ou son mandataire. A l'étranger les envois par la poste sont prévus dans presque toutes les législations.

Cet article prévoit également le cas des jours fériés et donne la possibilité d'obtenir un duplicata de tout versement. Enfin, il prescrit l'établissement d'un registre des annuités dont on pourra obtenir copie moyennant une taxe.

Art. 20

Toutes les taxes autres que les annuités seront versées au budget propre de l'Office National.

ART. 20. — Cet article dispose que toutes les taxes autres' que' les annuités appartiendront au budget propre de l'Office National, c'est-à-dire que l'Etat recevra toutes les sommes qu'il a perçues jusqu'à ce jour, et abandonnera à l'Office National celles provenant de taxes perçues sur des travaux effectués par les employés de l'Office National. Cette attribution des annuités à l'Etat, des taxes à l'Office National, permettra de constituer à cet établissement un budget propre assez important pour lui assurer un développement qui le mette, non pas à la hauteur des établissements similaires de l'étranger — nous n'osons formuler un tel vœu — mais au moins à un rang passablement honorable.

Art. 21

Les annuités pourront être payées d'avance pour plusieurs années. Si le propriétaire du brevet renonce à son brevet avant l'expiration du terme pour lequel les annuités auront été payées, ces dernières lui seront remboursées au prorata des annuités non encore échues.

Lorsqu'une taxe ou annuité aura été versée par erreur ou en double emploi, elle sera restituée au breveté ou à son mandataire.

ART. 21. — Cet article prévoit la possibilité de verser toutes les annuités en une fois, et leur remboursement si on renonce au brevet. En outre si une taxe ou une annuité a été versée par erreur ou en double emploi, la loi prévoit son remboursement, ce qui est presque impossible dans l'état actuel.

Art. 22

L'auteur d'une invention domicilié en France ou aux colonies qui établira son indigence pourra, sur sa demande, être exonéré de partie ou de la totalité des annuités, à charge pour lui d'acquitter lesdites annuités lorsque l'exploitation de son brevet sera fructueuse.

L'auteur de cette nature déposera ou adressera sous pli spécial fermé sa demande d'exonération à l'Office National qui lui remettra immédiatement un certificat d'exonération tenant lieu de récépissé de versement de la 1re annuité, pour effectuer le dépôt de la demande de brevet.

Celle-ci sera soumise à l'examen de la Commission technique qui décidera, si l'indigence est prouvée, qu'il y aura lieu à exonération.

Les mêmes formalités seront répétées chaque année, en vue de l'exonération des annuités.

ART. 22. — L'indigent n'est pas exonéré du paiement des annuités ci des taxes d'après la loi de 1844. Or, les lois allemande, autrichienne, hongroise, etc., ont stipulé nettement que celui qui pourrait prouver son indigence ou qui n'a que son salaire pour vivre, peut obtenir l'exonération

ART. 12. — Toute demande dans laquelle n'auraient pas été observées les formalités prescrites par les nᵒˢ 2 et 3 de l'article 5 et par l'article 6, sera rejetée. La moitié de la somme versée restera acquise au Trésor, mais il sera tenu compte de la totalité de cette somme au demandeur s'il reproduit sa demande dans un délai de trois mois, à compter de la date de la notification du rejet de sa requête.

ART. 13. — Lorsque, par application de l'article 3, il n'y aura pas lieu à délivrer un brevet, la taxe sera restituée.

SECTION V

Rejet d'une demande.

Art. 14

Toute demande qui serait irrégulière *et dont la régularisation prévue à l'article 11 n'aura pas été faite et acceptée dans les délais voulus sera rejetée.* La moitié de la somme versée restera acquise au Trésor, mais il sera tenu compte de la totalité de cette somme au demandeur s'il reproduit sa demande dans un délai de trois mois, à compter de la date de la notification du rejet.

Lorsque, par application de l'article 3, il n'y aura pas lieu à délivrer un brevet, *la 1ʳᵉ annuité sera restituée, mais au préalable il en sera donné avis au demandeur, qui aura la faculté de fournir toutes explications devant la Commission technique, laquelle après audition pourra donner l'autorisation s'il y a lieu, de maintenir la demande dûment redressée et rectifiée dans un délai de 15 jours.*

La date de cette demande rectifiée sera celle de la rectification, s'il est constaté qu'il n'y a plus identité avec l'objet de la première demande.

Lorsque par application de l'article 17, l'opposition conduira au rejet d'une demande la moitié de la taxe sera acquise au Trésor.

ART. 14. — Cet article constitue la reproduction des articles 12 et 13 de la loi de 1844. Cependant, si l'invention n'est pas brevetable aux termes de l'article 3, le projet prévoit la possibilité de rectifier une demande qui à première vue ne serait pas brevetable.

ART. 14. — Une ordonnance royale, insérée au *Bulletin des lois*, proclamera, tous les trois ans, les brevets délivrés.

Art. 15

Un *décret*, inséré au *Bulletin des lois*, proclamera, tous les trois mois, les brevets délivrés.

Art. 15. — La durée des brevets ne pourra être prolongée que par une loi.

Art. 16

La durée des brevets ne pourra être prolongée que par une loi.

Art. 16. — Nous supprimons les certificats d'addition qui ne constituent que des embûches pour les inventeurs, et qui en somme n'ont plus de raison d'être si la première annuité est abaissée à 25 francs. La loi anglaise et la loi américaine ne comportent pas ces variétés de brevets.

SECTION III.

Des certificats d'addition.

Art. 16. — Le breveté ou les ayants droit au brevet auront, pendant toute la durée du brevet, le droit d'apporter à l'invention des changements, perfectionnements ou additions, en remplissant, pour le dépôt de la demande, les formalités déterminées par les articles 5, 6 et 7.

Ces changements, perfectionnements ou additions, seront constatés par des certificats délivrés dans la même forme que le brevet principal, et qui produiront, à partir des dates respectives des demandes et de leur expédition, les mêmes effets que ledit brevet principal avec lequel ils prendront fin.

Chaque demande de certificat d'addition donnera lieu au payement d'une taxe de 20 francs.

Les certificats d'addition, pris par un des ayants droit, profiteront à tous les autres.

Art. 17. — Tout breveté qui, pour un changement, perfectionnement ou addition, voudra prendre un brevet principal de cinq, dix ou quinze années, au lieu d'un certificat d'addition expirant avec le brevet primitif, devra remplir les formalités prescrites par les articles 5, 6 et 7, et acquitter la taxe mentionnée dans l'article 4.

Art. 18. — Nul autre que le breveté ou ses ayants droit, agissant comme il est dit ci-dessus, ne pourra, pendant une année, prendre valablement un brevet pour un changement, perfectionnement ou addition à l'invention qui fait l'objet du brevet primitif.

Néanmoins, toute personne qui voudra prendre un brevet pour changement, addition ou perfectionnement à une découverte déjà brevetée, pourra, dans le cours de ladite année, former une demande qui sera transmise et restera déposée sous cachet au ministère de l'agriculture et du commerce.

L'année expirée, le cachet sera brisé et le brevet délivré.

Toutefois, le breveté principal aura la préférence pour les changements, perfectionnements et additions pour lesquels il aurait lui-même, pendant l'année, demandé un certificat d'addition ou un brevet.

Art. 19. — Quiconque aura pris un brevet pour une découverte, invention ou application se rattachant à l'objet d'un autre brevet, n'aura aucun droit d'exploiter l'invention déjà brevetée, et réciproquement le titulaire du brevet primitif ne pourra exploiter l'invention, objet du nouveau brevet.

Voir article 37 du projet.

SECTION IV.

De la transmission et de la cession des brevets.

Art. 20. — Tout breveté pourra céder la totalité ou partie de la propriété de son brevet.

La cession totale ou partielle d'un brevet, soit à titre gratuit, soit à titre onéreux, ne pourra être faite que par acte notarié et après le payement de la totalité de la

Voir article 32 du projet.

laxe déterminée par l'article 4.

Aucune cession ne sera valable, à l'égard des tiers,
qu'après avoir été enregistrée
au secrétariat de la préfecture du département dans lequel l'acte aura été passé.

L'enregistrement des ces-
sions et de tous autres actes
emportant mutation, sera fait
sur la production et le dépôt
d'un extrait authentique de
l'acte de cession ou de mutation.

Une expédition de chaque
procès-verbal d'enregistrement, accompagné de l'ex-
trait de l'acte ci-dessus mentionné, sera transmise, par
les préfets, au Ministre de
l'agriculture et du commerce,
dans les cinq jours de la date
du procès-verbal.

Art. 21. — Il sera tenu, au
ministère de l'agriculture et
du commerce, un registre
sur lequel seront inscrites les
mutations intervenues sur
chaque brevet, et tous les
trois mois une ordonnance
royale proclamera, dans la
forme déterminée par l'article 14, les mutations enregistrées pendant le trimestre expiré.

Voir article 36 du projet.

Art. 22. — Les cessionnaires d'un brevet et ceux qui
auront acquis d'un breveté
ou de ses ayants droit la faculté d'exploiter la découverte ou l'invention, profiteront, de plein droit, des
certificats d'addition qui seront ultérieurement délivrés
au breveté ou ses ayants
droit. Réciproquement, le
breveté ou ses ayants droit
profiteront des certificats
d'addition qui seront ultérieurement délivrés aux concessionnaires.

Voir article 38 du projet.

Cet article dispose encore que le brevet peut être délivré aux ayants cause, ce qui revient à céder une invention, comme le fait se pratique à l'étranger.

Art. 30

Les ouvriers, employés, fonctionnaires et salariés, sont considérés comme les auteurs des inventions faites par eux pendant leur service, à moins que le contraire n'ait été stipulé par contrat ou règlement de service.

Sont dénués de tout effet légal les dispositions des contrats ou prescriptions de service tendant à priver les salariés du profit équitable, résultant des inventions faites par eux au cours de leur service.

Art. 30. — Cet article sauvegarde les droits des salariés. Nous pensons qu'une loi démocratique doit prévoir une disposition de cette nature qui évite les spoliations.

Art. 31

Les droits afférents à une demande de brevet pourront être cédés en partie ou en totalité, dans les conditions prévues à l'art. 29.

Art. 31. — Cet article prévoit la cession d'une invention dont la demande de brevet a été faite.

SECTION IV

De la transmission et de la cession des brevets.

Art. 32

Art. 20. — *Tout breveté pourra céder la totalité ou partie de la propriété de son brevet.*

Tout breveté ou propriétaire d'un brevet pourra céder la totalité ou partie de la propriété ou de la jouissance de son brevet et concéder des licences d'exploitation.

Le brevet pourra faire l'objet d'un nantissement ou d'une saisie — arrêt.

Art. 32. — Cet article dispose qu'un breveté peut céder tout ou partie de la propriété de son brevet ou de sa jouissance. Il dispose également que le brevet peut faire l'objet d'un nantissement ou d'une saisie-arrêt.

Art. 33

La cession totale ou partielle d'un brevet, soit à titre gratuit, soit à titre onéreux,

Toute modification, par convention, décision judiciaire ou disposition testamentaire ne pourra être faite que par acte notarié et après le payement de la totalité de la taxe déterminée par l'article 4.

Aucune cession ne sera valable, à l'égard des tiers, qu'après avoir été enregistrée au secrétariat de la préfecture du département dans lequel l'acte aura été passé.

L'enregistrement des cessions et de tous autres actes emportant mutation, sera fait sur la production et le dépôt d'un extrait authentique de l'acte de cession ou de mutation.

Une expédition de chaque procès - verbal d'enregistrement, accompagné de l'extrait de l'acte ci-dessus mentionné, sera transmise, par les préfets, au Ministre de l'agriculture et du commerce, dans les cinq jours de la date du procès-verbal.

apportée à la propriété d'une demande de brevet, à la propriété d'un brevet ou à la jouissance d'un brevet, devra, pour être opposable aux tiers, être enregistrée à l'Office National.

L'enregistrement sera fait sur la production et le dépôt d'un extrait de l'acte emportant modification, les signatures apposées sur ledit acte étant légalisées, à moins qu'il n'ait le caractère d'un acte public.

L'enregistrement donnera lieu au paiement d'une taxe de 50 francs.

Toute saisie-arrêt, dûment notifiée à l'Office National devra être préalablement levée, avant l'enregistrement de toute mutation.

Art. 33. — Cet article organise les mutations de toute nature qui peuvent atteindre la propriété ou la jouissance d'un brevet. Nous désirons qu'une mutation quelconque soit enregistrée à l'Office National sur la simple production et le dépôt d'un acte sous son seing privé avec signature légalisée. L'acte notarié et le versement préalable de toutes les annuités ne seront plus nécessaires pour l'enregistrement d'une cession.

Art. 34

Lorsque le brevet aura été pris aux noms de plusieurs personnes chacune d'elles, aura, à moins de conventions écrites contraires, part égale à la propriété et à la jouissance du brevet, et pourra en disposer à son gré.

Art. 34. — Cet article réglemente la propriété personnelle d'un brevet pris aux noms de plusieurs personnes qui à défaut de conventions écrites formulées au moment de la demande de brevet ou un mois après la notification de la délivrance (art. 29), appartiendra par parts égales à chacun des demandeurs.

Art. 35

Le brevet est sans effet contre le tiers qui prouvera de bonne foi avoir utilisé une invention personnellement, dans son établissement ou ses dépendances ou pris les mesures nécessaires à son uti-

lisation, avant la date de la demande du brevet.

Ce tiers pourra exiger du breveté, la délivrance d'une autorisation lui donnant le droit d'utiliser personnellement l'invention.

Ce droit n'est transmissible ou cessible qu'avec l'établissement.

Cette autorisation sera enregistrée au même titre qu'une licence.

Art. 35. — Cet article prévoit le cas de possession antérieure personnelle qui est inséré dans la plupart des législations modernes. Le possédant antérieur de bonne foi devra être considéré comme un licencié.

Art. 21. — *Il sera tenu, au ministère de l'agriculture et du commerce, un registre sur lequel seront inscrites les mutations intervenues sur chaque brevet, et tous les trois mois une ordonnance royale proclamera, dans la forme déterminée par l'article 14, les mutations enregistrées pendant le trimestre expiré.*

Art. 36

Il sera tenu, *à l'Office National,* un registre sur lequel seront inscrites *les modifications ou* mutations intervenues sur chaque brevet. *Ces mutations seront publiées au catalogue des brevets, au fur et à mesure de leur enregistrement.*

Quiconque pourra prendre connaissance de ce registre et en obtenir copie d'un acte moyennant le paiement d'une taxe de 20 francs.

Art. 36. — Cet article organise l'établissement du registre des mutations dont on pourra obtenir copie moyennant une taxe.

Art. 19. — *Quiconque aura pris un brevet pour une découverte, invention ou application se rattachant à l'objet d'un autre brevet, n'aura aucun droit d'exploiter l'invention déjà brevetée, et réciproquement le titulaire du brevet primitif ne pourra exploiter l'invention, objet du nouveau brevet.*

Art. 37

L'auteur d'une invention qui aura pris un brevet pour une invention se rattachant à l'objet d'un autre brevet et qui se trouvera dans l'impossibilité d'exploiter son propre brevet sans utiliser le premier brevet, pourra exiger du propriétaire de ce brevet l'octroi d'une autorisation, s'il s'est écoulé un délai de trois ans depuis le dépôt du premier brevet.

Si l'autorisation est accordée, le propriétaire du premier brevet aura réciproquement le droit d'exiger une autorisation d'exploiter le deuxième brevet.

En cas de contestation, le différend sera tranché par la Commission technique, avec appel devant le Tribunal civil.

ART. 37. — Cet article est destiné à remplacer l'article 19 de la loi de 1844 et n'est que la reproduction de l'article 12 de la loi suisse du 29 juin 1888 réglant la situation réciproque de deux brevets dépendant l'un de l'autre.

ART. 22. — *Les cessionnaires d'un brevet et ceux qui auront acquis d'un breveté ou de ses ayants droit la faculté d'exploiter la découverte ou l'invention profiteront, de plein droit, des certificats d'addition qui seront ultérieurement délivrés au breveté ou à ses ayants droit. Réciproquement, le breveté ou ses ayants droit profiteront des certificats d'addition qui seront ultérieurement délivrés aux concessionnaires.*

Tous ceux qui auront droit de profiter des certificats d'addition pourront en lever une expédition au ministère de l'agriculture et du commerce, moyennant un droit de 20 francs.

Art. 38

Les cessionnaires d'un brevet et ceux qui auront acquis d'un breveté ou de ses ayants droit la faculté d'exploiter l'invention, profiteront, de plein droit *des perfectionnements, changements ou additions qui seront ultérieurement apportés au brevet.* Réciproquement, le breveté ou ses ayants droit profiteront *des perfectionnements, changements ou additions* qui seront ultérieurement *apportés* par les concessionnaires.

ART. 38. — Cet article est à peu de choses près la reproduction de l'article 22 de la loi de 1844.

TITRE IV.

DES NULLITÉS ET DÉCHÉANCES, DES ACTIONS Y RELATIVES.

SECTION Iʳᵉ.

Des nullités et déchéances.

ART. 30. — Seront nuls et de nul effet les brevets délivrés dans les cas suivants, savoir :

1° Si la découverte, invention ou application n'est pas nouvelle ;

2° Si la découverte, invention ou application n'est pas, aux termes de l'art. 3, susceptible d'être brevetée ;

TITRE V

Des nullités, des déchéances et des revendications.

SECTION I

Des nullités.

Art. 39

Seront nuls et de nul effet les brevets délivrés dans les cas suivants, savoir :

1° Si l'invention n'est pas nouvelle ;

2° *Si, selon les articles 2 et 3, l'invention ne donne pas de résultat industriel ;*

partielle du versement des annuités. Nous croyons qu'il est temps d'organiser cette disposition éminemment démocratique. Comme l'inventeur est toujours pressé de déposer sa demande, notre système consiste d'abord à demander un certificat d'exonération à l'Office National qui, sans aucun examen et par retour du courrier, devra le délivrer à l'intéressé. Ce certificat tiendra lieu de récépissé de première annuité au moyen duquel l'inventeur pourra effectuer sa demande de brevet, et lorsque la priorité lui sera ainsi acquise, la commission technique se prononcera sur l'exonération d'après l'enquête administrative sur l'indigence, et aussi selon la valeur intrinsèque de l'invention.

SECTION V.
De la communication et de la publication des descriptions et dessins de brevets.

Art. 23. — Les descriptions, dessins, échantillons et modèles des brevets délivrés resteront, jusqu'à l'expiration des brevets, déposés au ministère de l'agriculture et du commerce, où ils seront communiqués sans frais à toute réquisition.

Toute personne pourra obtenir, à ses frais, copie desdites descriptions et dessins, suivant les formes qui seront déterminées dans le règlement rendu en exécution de l'article 50.

— Cet article est presque la reproduction de l'article 23 de la loi de 1844.

Art. 24. — (Modifié par la loi du 7 avril 1902.) Les descriptions et dessins de tous les brevets d'invention et certificats d'addition seront publiés *in extenso* par fascicules séparés, dans leur ordre d'enregistrement.

Cette publication relativement aux descriptions et dessins des brevets pour la délivrance desquels aura été requis le délai d'un an prévu par l'article 11, n'aura lieu qu'après l'expiration de ce délai.

Il sera en outre publié un catalogue des brevets d'invention délivrés.

SECTION IX
De la communication et de la publication des descriptions et dessins de brevets.

Art. 23
Les descriptions, dessins, échantillons et modèles des brevets délivrés resteront, déposés à l'*Office National*, où ils seront communiqués sans frais à toute réquisition.

Toute personne pourra obtenir, à ses frais, copie desdites descriptions et dessins, suivant les formes qui seront déterminées dans le règlement rendu en exécution de l'article 68.

Art. 24
Les descriptions et dessins de tous les brevets d'invention seront imprimés et publiés in extenso par fascicules séparés, dans leur ordre de délivrance.

Il sera publié un catalogue des brevets *qui contiendra, notamment, la liste des brevets demandés, délivrés,*

frappés d'opposition, amen-
dés, publiés, rejetés, déchus,
de ceux dont les annuités
ont été payées, et ceux qui
sont déposés sous le couvert
d'un traité de réciprocité.

Le catalogue publiera tou-
tes les transmissions de bre-
vets, les concessions de
licences ou autres actes
emportant mutation ou modi-
fication à la propriété ou
jouissance d'un brevet.

Il donnera la liste des ins-
tances judiciaires dans les-
quelles seront en cause les
brevets, par application de la
présente loi.

Un arrêté du Ministre du Commerce et de l'Industrie déterminera: 1° Les conditions de forme, dimensions et rédaction que devront présenter les descriptions et dessins, ainsi que les prix de vente des fascicules imprimés et les conditions de publication du catalogue ; 2° les conditions à remplir par ceux qui, ayant déposé une demande de brevet en France et désirant déposer à l'étranger des demandes analogues avant la délivrance du brevet français voudront obtenir une copie officielle des documents afférents à leur demande en France. Toute expédition de cette nature donnera lieu au paiement d'une taxe de vingt-cinq francs. Les frais de dessin, s'il y a lieu, seront à la charge de l'impétrant.

Un arrêté du Ministre du Commerce et de l'Industrie déterminera: 1° les conditions de forme, dimensions et rédaction qui devront présenter les descriptions et dessins, ainsi que les prix de vente des fascicules imprimés et les conditions de publication du catalogue; 2° les conditions à remplir par ceux qui, ayant déposé une demande de brevet, voudront obtenir une copie officielle des documents descriptifs avant la délivrance et l'impression. Toute expédition de cette nature donnera lieu au paiement d'une taxe de 25 francs. Les frais de dessin, s'il y a lieu, seront à la charge de l'impétrant.

Art. 24. — Cet article est presque la reproduction des lois de 1844 et 1902. Le catalogue devrait publier la liste de toutes les vicissitudes qui atteignent les demandes de brevet, ou leur délivrance, ou leur validité. Nous avons également supprimé certaines parties dans l'alinéa 2 du dernier paragraphe de l'ancien article.

Art. 25. — Le recueil des descriptions et dessins, et le catalogue, publiés en exécution de l'article précédent,

Art. 25
Le recueil des descriptions et dessins, et le catalogue, publiés en exécution de l'article précédent, seront déposés à

seront déposés au ministère de l'agriculture et du commerce et au secrétariat de la préfecture de chaque département, où ils pourront être consultés sans frais.

Art. 26. — A l'expiration des brevets, les originaux des descriptions et dessins seront déposés au Conservatoire royal des arts et métiers.

TITRE III.

DES DROITS DES ÉTRANGERS.

Art. 27. — Les étrangers pourront obtenir en France des brevets d'invention.

Art. 28. — Les formalités et conditions déterminées par la présente loi seront applicables aux brevets demandés ou délivrés en exécution de l'article précédent.

Art. 29. — L'auteur d'une invention ou découverte déjà brevetée à l'étranger pourra obtenir un brevet en France; mais la durée de ce brevet ne pourra excéder celle des brevets antérieurement pris à l'étranger.

Art. 26. — Nous ne reconnaissons qu'aux étrangers auteurs d'une invention le droit de demander et d'obtenir un brevet.

l'Office National et au Secrétariat de la Préfecture de chaque département, où ils pourront être consultés sans frais.

TITRE III

Des droits des étrangers et des conventions internationales.

Art. 26

Les étrangers *auteurs d'une invention* pourront obtenir en France des brevets d'invention. *Ils devront constituer un mandataire domicilié dans le pays, s'ils n'habitent pas la France* et remplir les formalités déterminées par la présente loi.

Art. 27

Par décret, le gouvernement pourra prendre des mesures contre les ressortissants d'un État qui n'accorderait aucune protection ou une protection incomplète aux citoyens français.

Art. 27. — Cet article a pour but d'armer le Gouvernement et de lui permettre de prendre des mesures coercitives contre les sujets ou citoyens des États qui n'accorderaient aucune protection ou une protection incomplète aux citoyens français.

Art. 28

Toute clause d'une convention internationale ratifiée par le Parlement se substi-

tuera aux articles de la présente loi qui se trouvera de ce fait modifiée, c'est-à-dire réduite ou étendue.

La modification ainsi apportée à la présente loi sera considérée comme une loi interne dont la date sera celle de la mise en vigueur de la convention internationale.

Art. 28. — Cet article a pour but de mettre en harmonie la législation française avec les clauses d'une Convention internationale. L'acte additionnel de Bruxelles 1900 a porté le délai d'exploitation à trois ans, alors qu'il n'est que de deux ans dans la loi de 1844.

La loi de 1844 prévoit la dépendance du brevet français avec tout brevet étranger antérieur. La Convention de 1883 (acte de 1900) dispose au contraire que les brevets unionistes sont rigoureusement indépendants les uns des autres. Le mutisme de la loi de 1844 et l'absence de toute loi ultérieure fait planer un doute absolument désastreux sur l'interprétation de la loi française en regard de la Convention de 1883.

En Angleterre, le roi ratifie une convention, mais le Parlement a soin au préalable de modifier la loi interne pour qu'elle ne soit pas en opposition avec la convention. En France, au contraire, le Parlement ratifie la convention sans s'inquiéter si la loi interne est ou n'est pas en opposition avec cette convention.

Il y aurait dès lors lieu de rédiger un article qui harmoniserait pour ainsi dire automatiquement une convention ratifiée par le Parlement avec la loi nationale.

TITRE IV

De la propriété et de la transmission des brevets.

Art. 29

Le brevet ne sera délivré qu'à l'auteur de l'invention.

Si le brevet est demandé aux noms de deux ou plusieurs personnes, on indiquera dans la demande la qualité en vertu de laquelle chacune des personnes agit; le brevet sera délivré aux noms de ces personnes avec la mention de leur qualité.

Le brevet pourra être délivré aux ayants cause ou ayants droit de l'auteur, si une réquisition expresse d'accord mutuel est formulée dans la demande ou un mois après la notification de la délivrance; mais le nom de l'inventeur figurera dans l'arrêté et le fascicule imprimé.

Art. 29. — Cet article dispose que le brevet ne peut être délivré qu'à l'auteur d'une invention. S'il est demandé aux noms de plusieurs personnes, chacune doit indiquer la qualité en vertu de laquelle elle agit.

3° Si les brevets portent sur des principes, méthodes, systèmes, découvertes et conceptions théoriques ou purement scientifiques dont on n'a pas indiqué les applications industrielles ;

4° Si la découverte, invention ou application est reconnue contraire à l'ordre ou à la sûreté publique, aux bonnes mœurs ou aux lois du royaume, sans préjudice, dans ce cas et dans celui du paragraphe précédent, des peines qui pourraient être encourues pour la fabrication ou le débit d'objets prohibés ;

5° Si le titre sous lequel le brevet a été demandé indique frauduleusement un objet autre que le véritable objet de l'invention ;

6° Si la description jointe au brevet n'est pas suffisante pour l'exécution de l'invention, ou si elle n'indique pas, d'une manière complète et loyale, les véritables moyens de l'inventeur ;

7° Si le brevet a été obtenu contrairement aux dispositions de l'article 18.

Seront également nuls, et de nul effet, les certificats comprenant des changements, perfectionnements ou additions qui ne se rattacheraient pas au brevet principal.

3° Si selon l'article 3, l'invention est contraire à l'ordre ou à la sûreté publics, aux bonnes mœurs ou aux lois, *et vise évidemment à induire le public en erreur*, sans préjudice dans ce cas et dans celui du paragraphe suivant, des peines qui pourraient être encourues pour la fabrication ou le débit d'objets prohibés.

4° Si selon l'article 3, l'invention porte sur des principes, méthodes, systèmes, découvertes et conceptions théoriques ou purement scientifiques dont on n'a pas indiqué les applications industrielles;

5° *Si selon l'article 3, l'invention est nuisible à la santé publique;*

6° Si le titre sous lequel le brevet a été demandé indique frauduleusement un objet autre que le véritable objet de l'invention;

7° *Si les documents descriptifs* ne sont pas suffisants pour l'exécution de l'invention, ou s'ils n'indiquent pas, d'une manière complète et loyale, les véritables moyens de l'inventeur;

8° *Si le breveté n'est pas le véritable auteur de l'invention.*

Art. 39. — Le paragraphe 2 de notre projet a le même objet que le paragraphe 2 de la loi de 1844 sauf que sa rédaction nous paraît plus en harmonie avec les principes modernes.

Notre paragraphe 3 est presque la reproduction du paragraphe 4 de 1844;

nous avons simplement ajouté les mots *visant une invention susceptible d'induire le public en erreur.* Ce cas se réfère notamment aux plans et combinaisons de crédit et de finance atteints d'ailleurs par le paragraphe 2.

Notre paragraphe 4 est la reproduction du paragraphe 3 de 1844.

Nous avons ajouté un paragaphe 5 qui atteint les compositions pharmaceutiques auxquelles nous accordons la protection de la loi.

Notre paragraphe 6 est la reproduction du paragraphe 5 de 1844.

Notre paragraphe 7 est la reproduction du paragraphe 6 de 1844 sauf que, outre la description, nous visons également les dessins.

Enfin, nous avons ajouté un paragraphe 8 concernant le brevet pris par un tiers qui ne serait pas le véritable inventeur.

Art. 31. — Ne sera pas réputée nouvelle toute découverte, invention ou application qui, en France ou à l'étranger, et antérieurement à la date du dépôt de la demande, aura reçu une publicité suffisante pour pouvoir être exécutée.

Voir article 4 du projet.

Art. 32. (Modifié par les lois du 31 mai 1856 et 7 avril 1902.) — Sera déchu de tous ses droits :

SECTION II

Des déchéances.

Art. 40

Sera déchu de tous ses droits :

1° Le propriétaire du brevet qui manifestera par écrit sa renonciation au brevet. laquelle sera publiée selon l'art. 24.

1° Le breveté qui n'aura pas acquitté son annuité avant le commencement de chacune des années de la durée de son brevet ;

2° Le propriétaire du brevet qui n'aura pas acquitté son annuité chaque année au plus tard *le jour anniversaire du dépôt de la demande de son brevet.*

L'intéressé aura toutefois un délai de trois mois, au plus, pour effectuer valablement, le paiement de son annuité, mais il devra en outre verser une taxe supplémentaire de cinq francs, s'il effectue le payement dans le premier mois, de dix francs, s'il effectue le payement dans le second mois, et de quinze francs s'il effectue le payement dans le troisième mois.

L'intéressé aura toutefois un délai de trois mois, au plus, pour effectuer valablement le paiement de son annuité, mais il devra en outre verser une taxe supplémentaire de 5 francs, s'il effectue le paiement dans le premier mois, de 10 francs s'il effectue le paiement dans le second mois et de 15 francs s'il effectue le paiement dans le troisième mois.

Cette taxe supplémentaire devra être acquittée en même temps que l'annuité en retard.

Cette taxe supplémentaire devra être acquittée en même temps que l'annuité en retard.

2° Le breveté qui n'aura pas mis en exploitation sa découverte ou invention en France, dans le délai de deux ans, à dater du jour de la signature du brevet, ou qui aura cessé de l'exploiter pendant deux années consécutives, à moins que, dans l'un ou l'autre cas, il ne justifie des causes de son inaction ;

3° Le breveté qui aura introduit en France des objets fabriqués en pays étranger et semblables à ceux qui sont garantis par son brevet.

Néanmoins, le ministre de l'agriculture, du commerce et des travaux publics pourra autoriser l'introduction : 1° des modèles de machines ; 2° des objets fabriqués à l'étranger destinés à des expositions publiques ou à des essais faits avec l'assentiment du gouvernement.

Après le délai de trois mois, avis sera donné au breveté de la déchéance de son brevet, et 15 jours au plus après la notification de l'avis, un arrêté ministériel publié selon l'art. 24, prononcera la déchéance.

3° Le propriétaire du brevet qui négligera de faire chaque année au plus tard à l'anniversaire du dépôt de son brevet, une déclaration sur l'exploitation de son brevet, ou qui fera une fausse déclaration, sans préjudice, dans ce cas, des dommages-intérêts dus aux tiers lésés.

La déclaration portera notamment sur la fabrication interne, sur l'introduction étrangère, sur la vente.

Au cas où le breveté n'exploitant pas au moment de sa déclaration, viendra avant l'expiration de l'année qui suit, à exploiter, il sera tenu d'en faire la déclaration dans les mêmes conditions.

Cette déclaration sera consignée dans le registre des mutations.

4° Le propriétaire du brevet, qui ne se livrant pas dans le pays, soit à la fabrication commerciale des produits, soit à l'emploi commercial des moyens faisant l'objet de son brevet, ou introduisant des inventions brevetées, fabriquées à l'étranger, refusera de concéder une licence présentée sur des bases équitables.

5° Le propriétaire du brevet, qui introduisant en France des inventions brevetées fabriquées à l'étranger, n'apposera pas sur les objets d'une façon rigoureusement permanente la mention brevetée et le n° du ou des brevets.

6° Le propriétaire du bre-

> *vet qui ayant été exonéré du paiement des annuités, et exploitant fructueusement son brevet, négligera de faire rapport desdites annuités au Trésor.*

Art. 40. — Le paragraphe premier prévoit la déchéance par renonciation. Le breveté a la possibilité de laisser tomber son brevet en ne payant pas l'annuité, mais on doit lui laisser la faculté de pouvoir renoncer à son privilège à une époque quelconque de sa durée.

Dans le paragraphe 2, nous avons précisé le dernier jour auquel peut être valablement effectué le paiement d'une annuité, cette précision devant couper court à des interprétations fausses émanant même des recettes.

Nous prévoyons la déchéance, non plus judiciaire, mais administrative du brevet au moyen d'un arrêté ministériel rendu 15 jours après que l'administration aura notifié un avis conforme au breveté présumé irrévocablement déchu.

Cette notification a pour but de rappeler à l'intéressé que la déchéance vient de le frapper, et également et surtout de permettre à l'intéressé de redresser une erreur si par hasard un oubli avait été commis dans les bureaux de l'Office National.

Le paragraphe 3 est complètement nouveau et consacre un principe d'exploitation qui n'existe dans aucune législation. Nous avions ailleurs préconisé un système d'exploitation basé sur la concurrence. Ce système était un peu compliqué dans son application, et nous lui avons substitué le système actuel qui est plus simple et qui repose sur le principe de la liberté absolue, mitigé, par celui des déclarations préalables publiques, corollaire nécessaire de l'*habeas corpus*, qui ne cadre aucunement avec les principes tutélaires, de l'ordre administratif ou judiciaire, imposés à presque tous les actes civils ou autres.

Nous n'admettons pas que le breveté puisse être privé de son monopole pour défaut d'exploitation; une pareille sanction est contraire à l'équité et également à l'intérêt national. Le cas d'un breveté étranger, par exemple, n'exploitant pas par calcul, est en somme assez rare. Dès lors, si un inventeur reste dans l'inaction, cela tient à des causes qui sont indépendantes de sa volonté, et la loi qui exige qu'un homme accomplisse un acte qui est en dehors de sa capacité, ne repose pas sur des principes d'équité la plus élémentaire.

La déchéance pour défaut d'exploitation est contraire à l'intérêt industriel, car personne plus que l'inventeur, quelles que soient d'ailleurs ses qualités commerciales, n'a intérêt à chercher à mener à bien l'exploitation d'une invention. Lui seul a intérêt à chercher un bénéfice qu'il a en vue par l'exploitation de sa propriété. Si dès lors on limite à deux, trois ou même cinq ans le temps pendant lequel il devra faire œuvre réelle, on met une entrave tout à fait inutile à son initiative individuelle, et on supprime sans aucun profit pour personne les quelques chances qu'il y avait d'implanter une industrie nouvelle dans le pays.

A part de rares exceptions, l'invention qui n'a jamais été exploitée et qui revient au domaine public par suite de déchéance pour défaut d'exploitation, tombe dans l'oubli et personne, à moins de hasard, n'aura l'idée de la faire revivre.

Si au contraire le breveté a pour lui le temps, il saura que ses efforts peuvent à un moment donné, être couronnés de succès, et l'appât du gain développera chez lui la ténacité nécessaire à la création de toute affaire, et il fera certainement tous ses efforts pour chercher à tirer parti de son brevet.

Les partisans du système d'exploitation qui a été inauguré en 1844 objectent que la loi a prévu les causes d'inaction involontaires du breveté, et que les tribunaux ont toute latitude pour apprécier largement les défauts d'exploitation. Il suffit de lire la jurisprudence rendue en la matière pour constater combien ses décisions sont contradictoires.

En outre, tout brevet qui n'a pas été exploité et qui a dépassé le délai imposé par la loi, est atteint d'une présomption de nullité qui lui porte un préjudice considérable et qui nuit à sa mise en valeur ultérieure. En présence de la jurisprudence flottante, on ne peut jamais affirmer qu'un brevet qui n'a pas été exploité, ne sera pas, à un moment quelconque, frappé de déchéance par les tribunaux qui pourront admettre que les causes

d'inaction excipées par le breveté ne sont pas suffisantes pour justifier son défaut d'exploitation.

Les considérations qui précèdent montrent donc les inconvénients absolument graves que présente le système de 1844. Pour y remédier, tous les Congrès ont proposé l'adoption d'un système de licences obligatoires à l'instar de la législation anglaise, mais ce système n'offre pas, à notre avis, un stimulant suffisant. Nous voulons bien accorder au breveté une tranquillité absolue en ce qui concerne l'exploitation, mais nous voulons d'un autre côté provoquer au moyen du brevet le développement des initiatives individuelles, et arriver à ce que le brevet donne naissance à un courant d'affaires et à une circulation monétaire intenses, concourant à la richesse générale.

D'après notre système, nous disons à l'inventeur: « La loi ne vous fait pas un grief de rester dans l'inaction mais, de même qu'elle vous impose chaque année le versement d'une annuité, de même elle vous impose l'obligation de déclarer publiquement et annuellement, non pas le bénéfice que vous tirez de votre exploitation, mais l'état de votre exploitation ».

Le brevet est un acte public opposable aux tiers: dès lors, toutes les vicissitudes qui l'atteignent doivent également être rendues publiques, et c'est pour cette raison que nous imposons au breveté l'obligation de faire chaque année une déclaration sur la situation de son exploitation. S'il ne fabrique pas réellement, il le déclarera et sa déclaration sera publiée au journal des brevets. Si le breveté introduit ses objets brevetés de l'étranger, il devra dans les mêmes conditions en faire la déclaration, et alors si l'on veut protéger le travail national, on pourra arrêter cette introduction au moyen d'une élévation convenable du tarif des douanes.

Le breveté sera également tenu de déclarer s'il vend ou s'il ne vend pas, et ce renseignement peut avoir son utilité pour la création de sociétés qui entreprendraient l'exploitation en grand de son affaire.

Le *Bulletin Officiel* publiera toutes les déclarations concernant l'exploitation; il deviendra donc un indicateur précieux aux personnes susceptibles de s'intéresser à des affaires, il concourra à la création de sociétés d'exploitation d'inventions qui n'arrivent en général que fortuitement à la connaissance des industriels et des capitalistes.

Notre paragraphe 3 frappe de déchéance le breveté qui négligera de faire une déclaration ou celui qui fera une fausse déclaration. Il prévoit également le cas d'un breveté qui viendrait à exploiter immédiatement après avoir fait sa déclaration annuelle; les tiers sont intéressés à savoir qu'une invention est mise réellement en exploitation.

Notre paragraphe 4 vise la concession de licence obligatoire, et devient un corollaire du paragraphe 3. Il est destiné à atteindre le breveté n'exploitant pas et qui demanderait des conditions beaucoup trop onéreuses pour la cession de son brevet ou d'une licence.

Le paragraphe 5 vise le breveté étranger qui, ne fabriquant pas en France, introduirait les inventions fabriquées à l'étranger.

Il est nécessaire que la douane sache que les objets importés sont ou ne sont pas brevetés, car le cas pourrait se produire d'un breveté introduisant en France des inventions brevetées et fabriquées à l'étranger, non munies de la mention obligatoire prévue à l'art. 41 de notre projet, et qui dans un but intéressé, facile à deviner, se bornerait à apposer d'une façon quelconque la mention « brevetée » après que les objets auraient été introduits.

Notre paragraphe 6 vise le cas d'un breveté qui, ayant été exonéré du paiement des annuités n'en fera pas rapport au Trésor lorsque son exploitation sera fructueuse. Il n'est que juste de frapper le breveté de cette catégorie d'une peine sévère.

SECTION III

De la qualité de breveté.

Art. 41

Tout breveté devra munir les objets garantis par son brevet, de la mention « breveté » suivie du numéro de délivrance de son brevet.

> *Si cette mention ne peut se mettre sur les objets, on la placera sur les emballages, papiers et imprimés relatifs auxdits objets.*
>
> *Aucune action judiciaire ne sera reçue si le titulaire du brevet a négligé d'apposer la mention précitée.*

ART. 41. — Nous demandons que les objets brevetés soient munis d'une mention « breveté » suivie du numéro du brevet, et si cette mention ne peut pas s'apposer sur les objets eux-mêmes, lorsqu'il s'agit par exemple d'un procédé, de la faire figurer sur tous les imprimés concernant l'exploitation. Il n'est pas admissible, dans la législation actuelle, de laisser à un breveté la liberté d'apposer ou non la mention « breveté » en échange du privilège qui lui est concédé. Chacun doit avoir la possibilité immédiate de s'assurer qu'un objet est ou non protégé, et chacun sait que cette absence d'obligation paralyse l'industrie dans une proportion considérable.

L'apposition du numéro du brevet aura pour conséquence la suppression de la mention S. G. D. G. qui avait certains inconvénients, car le breveté dont le brevet est expiré ne peut pas supprimer sur tous les objets qu'il a vendus la mention S. G. D. G. qu'il avait le droit d'apposer au moment de la vente. Comme il n'est pas toujours possible d'établir la date de cette même vente, on pouvait supposer le cas d'un breveté qui eût pu être recherché pour apposition de la mention S. G. D. G. après expiration de son privilège.

Nous n'imposons aucune pénalité au breveté qui n'apposerait pas la mention obligatoire, mais nous ne lui reconnaissons pas le droit d'intenter une action judiciaire s'il a négligé de l'apposer.

<table>
<tr><td>

ART. 33. — Quiconque, dans des enseignes, annonces, prospectus, affiches, marques ou estampilles, prendra la qualité de breveté sans posséder un brevet délivré conformément aux lois, ou après l'expiration d'un brevet antérieur, ou qui, étant breveté, mentionnera sa qualité de breveté ou son brevet sans y ajouter ces mots, *sans garantie du Gouvernement*, sera puni d'une amende de cinquante francs à mille francs.

En cas de récidive, l'amende pourra être portée au double.

</td><td>

Art. 42

Quiconque, dans des enseignes, annonces, prospectus, affiches, marques ou estampilles, prendra la qualité de breveté sans posséder de brevet délivré conformément aux lois, sera puni d'une amende de cinquante francs à mille francs.

En cas de récidive, l'amende pourra être portée au double.

</td></tr>
</table>

ART. 42. — Est à peu de chose près la reproduction de l'article 33 de la loi de 1844.

SECTION II.

Des actions en nullité et en déchéance.

Art. 34. — L'action en nullité et l'action en déchéance pourront être exercées par toute personne y ayant intérêt.

Ces actions, ainsi que toutes contestations relatives à la propriété des brevets, seront portées devant les tribunaux civils de première instance.

SECTION IV

Des actions en nullité, en déchéance et en revendication.

Art. 43

L'action en nullité, l'action en déchéance, les contestations relatives à la propriété *ou la jouissance* des brevets et *à la qualité de breveté*, pourront être exercées par toute personne y ayant intérêt.

Ces actions, seront portées devant les tribunaux civils de première instance.

Art. 43. — Est la reproduction de l'article 34 sauf que nous l'avons précisé en ce qui concerne les actions relatives à la jouissance des brevets et à la qualité de breveté.

Art. 35. — Si la demande est dirigée en même temps contre le titulaire du brevet et contre un ou plusieurs cessionnaires partiels, elle sera portée devant le tribunal du domicile du titulaire du brevet.

Art. 44

Si la demande est dirigée en même temps contre le titulaire et contre un ou plusieurs cessionnaires partiels, elle sera portée devant le tribunal du domicile du titulaire du brevet.

Art. 36. — L'affaire sera instruite et jugée dans la forme prescrite pour les matières sommaires, par les articles 405 et suivants du Code de procédure civile. Elle sera communiquée au procureur du roi.

Art. 45

L'affaire sera instruite et jugée dans la forme prescrite pour les matières sommaires, par les articles 405 et suivants du Code de procédure civile. Elle sera communiquée au procureur *de la République.*

Art. 37. — Dans une instance tendant à faire prononcer la nullité ou la déchéance d'un brevet, le ministère public pourra se rendre partie intervenante et prendre des réquisitions pour faire prononcer la nullité ou la déchéance absolue du brevet.

Il pourra même se pourvoir directement par action principale pour faire prononcer la nullité, dans les cas

Art. 46

Dans une instance tendant à faire prononcer la nullité ou la déchéance d'un brevet, le ministère public pourra se rendre partie intervenante et prendre des réquisitions pour faire prononcer la nullité ou la déchéance absolue du brevet.

Il pourra même se pourvoir directement par action principale pour faire prononcer la nullité, dans les cas prévus aux n° 2, 4 et 5 de l'art. 30.

prévus aux n° 3, 4, 5 et 6 de l'art. 39.

Les articles 44, 45, 46 sont la reproduction des articles 35, 36, 37.

Art. 38. — Dans les cas prévus par l'art. 37, tous les ayants droit au brevet dont les titres auront été enregistrés au ministère de l'agriculture et du commerce, conformément à l'art. 21, devront être mis en cause.

Art. 47

Dans les cas prévus par l'art. 46, tous les ayants droit au brevet *ou à sa jouissance* dont les titres auront été enregistrés, conformément à l'art. 33, devront être mis en cause.

Art. 47. — Est la reproduction de l'article 38, sauf que nous avons prévu le cas des licenciés.

Art. 39. — Lorsque la nullité ou la déchéance absolue d'un brevet aura été prononcée par jugement ou arrêt ayant acquis force de chose jugée, il en sera donné avis au ministre de l'agriculture et du commerce, et la nullité ou la déchéance sera publiée dans la forme déterminée par l'art. 14 pour la proclamation des brevets.

Art. 48

Lorsque la nullité, la déchéance *ou la mutation de propriété ou de jouissance* d'un brevet aura été prononcée par jugement ou arrêt ayant acquis force de chose jugée, il en sera donné avis, *à l'Office National* qui le publiera dans la forme déterminée par les articles 15 et 24.

Art. 48. — Est la reproduction de l'article 39 sauf que nous prévoyons la publication des décisions concernant les mutations de propriété ou de jouissance.

TITRE V.

DE LA CONTREFAÇON, DES POURSUITES ET DES PEINES.

TITRE V.

DE LA CONTREFAÇON DES POURSUITES ET DES PEINES.

Art. 49

Art. 40. — Toute atteinte portée aux droits du breveté, soit par la fabrication des produits, soit par l'emploi des moyens faisant l'objet de son brevet, constitue le délit de contrefaçon.

Toute atteinte portée *sciemment* aux droits du breveté, *à partir de la publication du brevet*, soit par la fabrication *commerciale* des produits, soit par l'emploi *commercial* des moyens faisant l'objet de son brevet, constitue le délit de contrefaçon.

Ce délit sera puni d'une amende de cent à deux mille francs.

Ce délit sera puni d'une amende de cent à deux mille francs.

Art. 49. — Est la reproduction de l'article 40, avec cette différence que nous avons ajouté le mot « sciemment » pour insérer nettement dans la loi l'atteinte portée de bonne foi aux droits d'un breveté. Chacun sait qu'on peut être contrefacteur de bonne foi, surtout si l'on tient compte du fait que les recherches d'antériorités ne sont pas très faciles à effectuer dans l'état actuel.

Nous faisons partir le droit de poursuite de la date de *publication* (impression), et en cela nous sommes d'accord avec la plupart des législations modernes qui ne reconnaissent à l'inventeur qu'un droit de priorité au moment de la demande, et un droit de propriété au moment de la délivrance, ou mieux de la publication, date à laquelle le contrat signé entre l'inventeur et la Société est revêtu des signatures des deux contractants, c'est-à-dire qu'il prend son existence effective, et qu'il peut être opposé aux tiers.

Cet article comporte également les mots « fabrication commerciale » ou « emploi commercial », pour bien préciser que l'usage personnel ne peut pas être assimilié au délit de contrefaçon s'il est prouvé que cet usage personnel n'avait aucun objet commercial.

	Art. 50
ART. 41. — Ceux qui auront sciemment recélé, vendu ou exposé en vente, ou introduit sur le territoire français un ou plusieurs objets contrefaits, seront punis des mêmes peines que les contrefacteurs.	Ceux qui auront sciemment recélé, vendu ou exposé en vente, ou introduit *à titre permanent* sur le territoire français un ou plusieurs objets contrefaits, seront punis des mêmes peines que les contrefacteurs.

ART. 50. — Est la reproduction de l'article 41 sauf qu'après le mot « introduit » nous avons ajouté « à titre permanent » pour bien préciser que l'introduction *en transit* n'est pas assimilable au délit de contrefaçon.

	Art. 51
ART. 42. — Les peines établies par la présente loi ne pourront être cumulées. La peine la plus forte sera seule prononcée pour tous les faits antérieurs au premier acte de poursuite.	Les peines établies par la présente loi ne pourront être cumulées. La peine la plus forte sera seule prononcée pour tous les faits antérieurs au premier acte de poursuite.

ART. 51. — Est la reproduction de l'article 42.

	Art. 52
ART. 43. — Dans le cas de récidive, il sera prononcé, outre l'amende portée aux art. 40 et 41, un emprisonnement d'un mois à six mois. Il y a récidive lorsqu'il a été rendu contre le prévenu, dans les cinq années antérieures, une première condamnation pour un des délits prévus par la présente loi. Un emprisonnement d'un mois à six mois pourra aussi être prononcé, si le contrefacteur est un ouvrier ou un employé ayant travaillé dans les ateliers ou l'établissement du breveté, ou si le contrefacteur, s'étant associé avec un ouvrier ou un empoyé du breveté, a eu connaissance, par	Dans le cas de récidive, il sera prononcé, outre l'amende portée aux art. 49 et 51, un emprisonnement d'un mois à six mois. Il y a récidive lorsqu'il a été rendu contre le prévenu, dans les cinq années antérieures, une première condamnation pour un des délits prévus par la présente loi. Un emprisonnement d'un mois à six mois pourra aussi être prononcé, si le contrefacteur est un ouvrier ou un employé ayant travaillé dans les ateliers ou l'établissement du breveté, ou si le contrefacteur, *s'est* associé avec un ouvrier ou un employé du breveté.

ce dernier, des procédés décrits au brevet.

Dans ce dernier cas, l'ouvrier ou employé pourra être poursuivi comme complice.

Dans ce dernier cas, l'ouvrier ou employé pourra être poursuivi comme complice.

ART. 52. — Est la reproduction de l'article 43 sauf que nous avons supprimé la dernière phrase du troisième paragraphe qui nous paraît être une contradiction absolue avec l'esprit même du brevet. En effet, le brevet est un acte public qui, une fois délivré, est communiqué au public; la loi de 1844 le dit formellement. D'un autre côté, elle dispose que l'inventeur doit indiquer d'une façon claire et loyale les moyens qu'il emploie. Dès lors, ou bien le brevet se suffit à lui-même et quiconque, un tiers, un ouvrier ou un employé du breveté, peut à l'aide du seul brevet, réaliser l'invention. En conséquence, un ouvrier ou un employé du breveté n'a pas besoin de connaître du breveté même les procédés décrits au brevet puisqu'ils doivent l'être d'une façon complète; il n'apprend donc du breveté pas plus que le brevet n'en apprend au public.

ART. 44. — L'art. 463 du Code pénal pourra être appliqué aux délits prévus par les dispositions qui précèdent.

Art. 53

L'art. 463 du Code pénal pourra être appliqué aux délits prévus par les dispositions qui précèdent.

ART. 45. — L'action correctionnelle, pour l'application des peines ci-dessus, ne pourra être exercée par le ministère public que sur la plainte de la partie lésée.

Art. 54

L'action correctionnelle, pour l'application des peines ci-dessus, ne pourra être exercée par le ministère public que sur la plainte de la partie lésée.

ART. 46. — Le tribunal correctionnel saisi d'une action pour délit de contrefaçon, statuera sur les exceptions qui seraient tirées par le prévenu, soit de la nullité ou de la déchéance du brevet, soit des questions relatives à la propriété dudit brevet.

Art. 55

Le tribunal correctionnel saisi d'une action pour délit de contrefaçon, statuera sur les exceptions qui seraient tirées par le prévenu, soit de la nullité ou de la déchéance du brevet, soit des questions relatives à la propriété dudit brevet.

ART. 47. — Les propriétaires de brevet pourront, en vertu d'une ordonnance du président du Tribunal de première instance, faire procéder, par tous huissiers, à la désignation et description détaillées, avec ou sans saisie, des objets prétendus contrefaits.

L'ordonnance sera rendue sur simple requête et sur la représentation du brevet; elle

Art. 56

Les propriétaires du brevet pourront, en vertu d'une ordonnance du président du Tribunal de première instance, faire procéder, par tous huissiers, à la désignation et description détaillées, avec ou sans saisie, des objets prétendus contrefaits.

L'ordonnance sera rendue sur simple requête et sur la représentation du brevet; elle contiendra, s'il y a lieu, la nomination d'un expert pour aider l'huissier dans sa description.

Lorsqu'il y aura lieu à la saisie, ladite ordonnance pourra imposer au requérant un cautionnement qu'il sera tenu de consigner avant d'y faire procéder.

Le cautionnement sera toujours imposé à l'étranger breveté qui requerra la saisie.

Il sera laissé copie au détenteur des objets décrits ou saisis, tant de l'ordonnance que de l'acte constatant le dépôt du cautionnement, le cas échéant; le tout, à peine de nullité et de dommages-intérêts contre l'huissier.

Art: 48. — A défaut, par le requérant de s'être pourvu, soit par la voie civile, soit par la voie correctionnelle, dans le délai de huitaine, outre un jour par trois myriamètres de distance, entre le lieu où se trouvent les objets saisis ou décrits et le domicile du contrefacteur, recéleur, introducteur ou débitant, la saisie ou description sera nulle de plein droit, sans préjudice des dommages-intérêts qui pourront être réclamés, s'il y a lieu, dans la forme prescrite par l'article 36.

Art. 49. — La confiscation des objets reconnus contrefaits, et, le cas échéant, celle des instruments ou ustensiles destinés spécialement à leur fabrication, seront, même en cas d'acquittement, prononcées contre le contrefacteur, le recéleur, l'introducteur ou le débitant.

Les objets confisqués seront remis au propriétaire du

contiendra, s'il y a lieu, la nomination d'un expert pour aider l'huissier dans sa description.

Lorsqu'il y aura lieu à la saisie, ladite ordonnance pourra imposer au requérant un cautionnement qu'il sera tenu de consigner avant d'y faire procéder.

Le cautionnement sera toujours imposé à l'étranger breveté qui requerra la saisie.

Il sera laissé copie au détenteur des objets décrits ou saisis tant de l'ordonnance que de l'acte constatant le dépôt du cautionnement, le cas échéant; le tout, à peine de nullité et de dommages-intérêts contre l'huissier.

Art. 57

A défaut, par le requérant de s'être pourvu, soit par la voie civile, soit par la voie correctionnelle, dans le délai de huitaine, outre un jour par trois myriamètres de distance, entre le lieu où se trouvent les objets saisis ou décrits et le domicile du contrefacteur, recéleur, introducteur ou débitant, la saisie ou description sera nulle de plein droit, sans préjudice des dommages-intérêts qui pourront être réclamés, s'il y a lieu, dans la forme prescrite par l'article 45.

Art. 58

La confiscation des objets reconnus contrefaits, et, le cas échéant, celle des instruments ou ustensiles destinés spécialement à leur fabrication, seront, même en cas d'acquittement, prononcées contre le contrefacteur, le recéleur, l'introducteur ou le débitant.

Les objets confisqués seront remis au propriétaire du

brevet, sans préjudice de plus amples dommages-intérêts et de l'affiche du jugement, s'il y a lieu.

brevet, sans préjudice de plus amples dommages-intérêts et de l'affiche du jugement, s'il y a lieu.

Les articles 53 à 58 sont la reproduction des articles 44 à 49.

Art. 59

Quiconque pourra introduire une instance civile tendant à faire établir qu'il n'est pas contrefacteur d'une invention brevetée.

Il sera donné avis de ladite instance au breveté qui pourra se rendre partie intervenante.

Art. 59. — Il consacre une inovation qui a un intérêt considérable dans l'état actuel. Il se représente le cas d'un industriel qui, ayant pris un brevet, se voit menacé de la part d'un autre industriel également breveté, de poursuites en contrefaçon. Le deuxième industriel se trouve ainsi paralysé dans son exploitation par les menaces continuelles du premier, menaces qui ne sont quelquefois suivies d'aucune action.

Le deuxième industriel ne possède aucun moyen de faire constater qu'il n'est pas contrefacteur, si ce n'est celui de demander avis à des spécialistes en la matière qui en général ne seront pas d'accord. Il nous semble donc qu'il soit nécessaire de permettre légalement à ce deuxième industriel d'introduire une instance qui établira d'une façon positive la limite de ses droits, eu égard à ceux du premier propriétaire qui, bien entendu, pourra se rendre partie intervenante aux débats, et défendre une propriété qu'il peut de bonne foi croire violée.

TITRE VI

Des droits de l'Etat.

Art. 60

Les demandes de brevet pouvant intéresser la Défense Nationale seront communiqués d'office par l'Office National, aux ministres compétents, qui décideront s'il y a lieu d'utiliser l'invention pour les besoins de la Défense Nationale.

Art. 61

En cas d'utilisation, on offrira une indemnité à l'inventeur, laquelle à défaut d'entente, sera fixée par le Conseil d'Etat.

Art. 62

Les brevets de cette nature, ou ceux qui seront demandés par l'Etat ou des fonctionnaires de la Défense Nationale en cours de leurs fonctions, seront tenus secrets, aussi longtemps que les ministres compétents le décideront.

Art. 63

Seront admis à prendre connaissance desdits brevets, ceux qui produiront et déposeront une autorisation régulière du ministre compétent.

Art. 64

Toutes les dispositions de la présente loi, tendant à lever ou faire lever le secret desdits brevets, seront nulles et de nul effet à l'égard desdits brevets.

Art. 65

Lorsque l'intérêt public l'exigera, le Parlement pourra à la demande d'un conseil d'arrondissement, d'un conseil général ou du Gouvernement, prononcer l'expropriation d'un brevet, aux frais du Trésor, et décider que ledit brevet sera exploité par l'Etat ou jeté dans le domaine public.

En cas d'expropriation, une indemnité sera offerte au breveté, laquelle à défaut d'entente, sera fixée par le Conseil d'Etat.

Les articles 60 à 65 consacrent la reconnaissance des droits de l'Etat qui ont été fâcheusement omis dans la loi de 1844.

D'abord, en ce qui concerne les inventions intéressant la défense nationale, il nous semble que l'Office des brevets doit avoir tous pouvoirs pour transmettre de pareilles inventions aux ministres compétents qui pourront décider qu'il y a lieu d'utiliser ces inventions pour le service de l'Etat. C'est une sorte de censure de la défense nationale dont nous préconisons l'adoption

Si l'utilisation de l'invention est décidée, l'inventeur aura droit à une indemnité qui, à défaut d'entente, peut être fixée, soit par le Conseil d'Etat, soit par les tribunaux civils.

Art. 62. — Dispose que les brevets intéressant la défense nationale peuvent être tenus secrets aussi longtemps que les ministres compétents le décideront. Pour éviter les excès de pouvoir, il y aura peut-être lieu de prévoir la possibilité de prolonger une demande de brevet d'autant d'années qu'elle aura été tenue secrète dans les bureaux des ministères.

Art. 63. — S'explique de lui-même, et il offre une garantie au secret.

Art. 64. — Exclut des dispositions de la loi les brevets considérés comme intéressant la défense nationale.

Art. 65. — Prévoit le cas d'expropriation pour cause d'utilité publique. Un brevet peut paralyser une région, entraver une industrie; il faut donc que le Parlement ait la possibilité de prononcer l'expropriation publique d'un pareil monopole. Si ce dernier constitue une entrave, on le fera tomber dans le domaine public.

Il peut arriver également qu'une invention intéresse l'Etat, et on doit prévoir le cas d'une exploitation directe faite par lui.

TITRE VII

GARANTIE PROVISOIRE DES INVENTIONS.

Art. 66

L'auteur français ou étranger, ou leurs ayants droit d'une invention, dûment admise et exposée dans une exposition publique autorisée officiellement, pourra se faire délivrer un certificat de garantie de ladite invention.

Les formalités à remplir seront les mêmes que celles relatives aux demandes de brevet, conformément aux art. 7, 8 et 9.

Art. 67

La demande de cerficat devra être faite dans le premier mois de l'ouverture de l'exposition;elle est gratuite ainsi que sa délivrance.

Les documents descriptifs ne seront pas imprimés, mais devront être communiqués sans frais à toute réquisition, immédiatement après la délivrance du certificat.

Le catalogue des brevets publiera la liste des certificats demandés et délivrés.

Art. 68

Le certificat assure à son titulaire les mêmes droits que lui conférerait une demande de brevet, à dater du jour de l'admission jusqu'à la fin du troisième mois qui suivra la clôture de l'exposition. sans préjudice du brevet que l'exposant pourra prendre avant l'expiration de ce terme.

Dans ce dernier cas, les documents descriptifs déposés à l'appui de la demande de certificat subiront l'examen des demandes de brevet, et lorsque le brevet sera déli-

vré, mention sera faite sur le fascicule imprimé, de la préexistence du certificat.

Les articles 66, 67, 68, remplacent la loi du 23 mai 1868 sur les certificats de garantie, et leur simple lecture fait comprendre l'économie du projet. Au contraire de la loi de 1868, nous voulons que les demandes de certificats de garantie soient faites dans les mêmes termes que celles des brevets, sauf en ce qui concerne certaines formalités.

TITRE VI.

DISPOSITIONS PARTICULIÈRES ET TRANSITOIRES

ART. 50. — Des ordonnances royales, portant règlement d'administration publique, arrêteront les dispositions nécessaires pour l'exécution de la présente loi, qui n'aura effet que trois mois après sa promulgation.

ART. 51. — Des ordonnances rendues dans la même forme pourront régler l'application de la présente loi dans les colonies, avec les modifications qui seront jugées nécessaires.

ART. 52. — Seront abrogées, à compter du jour où la présente loi sera devenue exécutoire, les lois des 7 janvier et 25 mai 1791, celle du 20 septembre 1792, l'arrêté du 17 vendémiaire an VII, l'arrêté du 5 vendémiaire an IX, les décrets des 25 novembre 1806 et 25 janvier 1807, et toutes dispositions antérieures à la présente loi, relatives aux brevets d'invention, d'importation et de perfectionnement.

ART. 53. — Les brevets d'invention, d'importation et de perfectionnement actuellement en exercice, délivrés conformément aux lois anté-

TITRE VIII

Dispositions particulières et transitoires.

Art. 69

Des *arrêtés*, portant règlement d'administration publique, arrêteront les dispositions nécessaires pour l'exécution de la présente loi, qui n'aura effet que trois mois après sa promulgation.

Art. 70

Des *arrêtés* rendus dans la même forme pourront régler l'application de la présente loi dans les colonies, avec les modifications qui seront jugées nécessaires.

Art. 71

Seront abrogées, à compter du jour où la présente loi sera devenue exécutoire, les lois des 7 janvier et 25 mai 1791, celle du 20 septembre 1792, l'arrêté du 17 vendémiaire an VII, l'arrêté du 5 vendémiaire an IX, les décrets des 25 novembre 1806 et 25 janvier 1807, les lois *des 5 juillet 1844, 23 mai 1868 et 7 avril 1902, l'arrêté du 31 mai 1902* et toutes dispositions antérieures à la présente loi, relatives aux brevets d'invention, d'importation et de perfectionnement.

Art. 72

Les brevets d'invention, et *certificats d'addition* actuellement en exercice, délivrés conformément aux lois antérieures à la présente, conser-

rieures à la présente, ou prorogés par ordonnance royale, conserveront leur effet pendant tout le temps qui aura été assigné à leur durée.

ART. 54. — Les procédures commencées avant la promulgation de la présente loi seront mises à la fin, conformément aux lois antérieures.

Toute action, soit en contrefaçon, soit en nullité ou déchéance de brevet, non encore intentée, sera suivie conformément aux dispositions de la présente loi, alors même qu'il s'agirait de brevets délivrés antérieurement.

veront leur effet pendant tout le temps qui aura été assigné à leur durée.

Art. 73

Les procédures commencées avant la promulgation de la présente loi seront mises à la fin, conformément aux lois antérieures.

Toute action, soit en contrefaçon, soit en nullité ou déchéance de brevet, non encore intentée, sera suivie conformément aux dispositions de la présente loi, alors même qu'il s'agirait de brevets délivrés antérieurement.

IMPRIMERIE DE L'OFFICE PICARD
104, Boulevard de Clichy, 104, Paris (18e)

9 782014 063455